Franziska Eichel

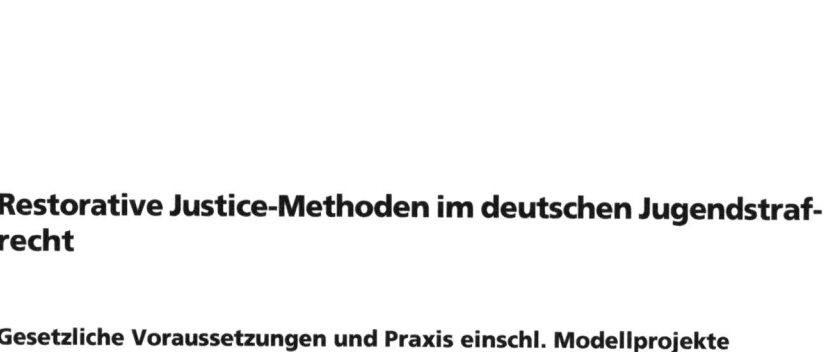

Restorative Justice-Methoden im deutschen Jugendstraf-recht

Gesetzliche Voraussetzungen und Praxis einschl. Modellprojekte

GRIN Verlag

Bibliografische Information der Deutschen Nationalbibliothek:

Die Deutsche Bibliothek verzeichnet diese Publikation in der Deutschen National-
bibliografie; detaillierte bibliografische Daten sind im Internet über http://dnb.d-
nb.de/ abrufbar.

Impressum:

Copyright © 2014 GRIN Verlag GmbH
Druck und Bindung: Books on Demand GmbH, Norderstedt Germany
ISBN: 978-3-656-69131-0

Dieses Buch bei GRIN:

http://www.grin.com/de/e-book/276000/restorative-justice-methoden-im-deutschen-
jugendstrafrecht

GRIN - Your knowledge has value

Der GRIN Verlag publiziert seit 1998 wissenschaftliche Arbeiten von Studenten, Hochschullehrern und anderen Akademikern als eBook und gedrucktes Buch. Die Verlagswebsite www.grin.com ist die ideale Plattform zur Veröffentlichung von Hausarbeiten, Abschlussarbeiten, wissenschaftlichen Aufsätzen, Dissertationen und Fachbüchern.

INHALTSVERZEICHNIS

ABKÜRZUNGSVERZEICHNIS

(sortiert nach der Reihenfolge ihrer Verwendung in der Studienabschlussarbeit)

RJ	Restorative Justice
Abs.	Absatz
JGH	Jugendgerichtshilfe
TOA	Täter-Opfer-Ausgleich
MP	Modellprojekte
u.a.	und andere
Fn.	Fußnote
bzw.	beziehungsweise
z.B.	zum Beispiel
BZR	Bundeszentralregister
u.U.	unter Umständen
ggf.	gegebenenfalls
SG	Schülergremien
AGT	Anti-Gewalt-Training
SchM	Schulmediation
JVA	Justizvollzugsanstalt
GMK	Gemeinschaftskonferenzen
FZ	Friedenszirkel

LITERATURVERZEICHNIS

Behn, Sabine Kügeler, Nicole u.a.	Mediation an Schulen – Eine bundesdeutsche Evaluation Wiesbaden 2006
Besemer, Christoph	Mediation – Vermittlung in Konflikten 10. Auflage, Baden 2003
Block, Tobias Kolberg, Jan Hendrik	Teen Court – Viel Lärm um Nichts? Hintergründe eines „neuen" jugendstrafrechtlichen Ansatzes ZJJ 1/2007, S. 8 - 18
Bock, Michael	Kriminologie – Für Studium und Praxis 4. Auflage, München 2013
Braithwaite, John	Crime, Shame and Reintegration Cambridge 1989
Breymann, Klaus	Schülergerichte – für wen eigentlich? ZJJ 1/2007, S. 4 - 8
Brunner, Rudolf Dölling, Dieter	Jugendgerichtsgesetz Kommentar 12. Auflage, Berlin/Boston 2011
Bundesministerium der Justiz	Täter-Opfer-Ausgleich in Deutschland Auswertung der bundesweiten Täter-Opfer-Ausgleichs-Statistik für die Jahrgänge 2006-2009 von Hans-Jürgen Kerner, Anke Elkens und Arthur Hartmann Berlin 2011 (zitiert: TOA-Statistik 2006/2007/2008/2009)

ders.   Täter-Opfer-Ausgleich in Deutschland
                             Auswertung der bundesweiten Täter-Opfer-Ausgleichs-Statistik für den
                             Jahrgang 2010 von Hans-Jürgen Kerner, Anke Elkens und Arthur Hart-
                             mann
                             Berlin 2012
                             (zitiert: TOA-Statistik 2010)

ders.   Täter-Opfer-Ausgleich in Deutschland
                             Auswertung der bundesweiten Täter-Opfer-Ausgleichs-Statistik für die
                             Jahrgänge 2011-2012 von Hans-Jürgen Kerner, Anke Elkens, Arthur
                             Hartmann und Marie Haas
                             Berlin 2014
                             (zitiert: TOA-Statistik 2011/2012)

Diemer, Herbert   Jugendgerichtsgesetz mit Jugendstrafvollzugsgesetzen
Schatz, Holger   Kommentar
Sonnen, Bernd-Rüdeger   6. Auflage, Heidelberg 2011
                            (zitiert: Bearbeiter in: D/S/S JGG)

Dölling, Dieter   Zur Stellung des Verletzten im Strafverfahren
                            In: Müller-Dietz, Heinz/ Müller, Egon/ Kunz, Karl-Ludvig/ Radtke,
                            Henning/ Britz, Guido/ Momsen, Carsten/ Koriath, Heinz (Hrsg.),
                            Festschrift für Heike Jung
                            Baden-Baden 2007, S. 77 - 86

Dölling, Dieter   Legalbewährung nach Täter-Opfer-Ausgleich im Jugendstrafrecht
Hartmann, Arthur   MSchrKrim 2002, S. 185 - 193
Traulsen, Monika

Dollinger, Bernd   Handbuch Jugendkriminalität
Schmidt-Semisch, Henning   Kriminologie und Sozialpädagogik im Dialog
                            2. Auflage, Wiesbaden 2011
                            (zitiert: Bearbeiter in: Hb Jugendkr.)

Domenig, Claudio

Integrative Tataufarbeitung im „Kreis-Modell":
Impulse aus Kanada für die Weiterentwicklung von Restorative Justice
NK 2009, S. 2 - 7

ders.

Restorative Justice – vom marginalen Verfahrensmodell zum integralen
Lebensentwurf
In: Strafrecht und Kriminalpolitik DBH Fachverband für Soziale Arbeit,
TOA Servicebüro für Täter-Opfer-Ausgleich und Konfliktschlichtung
(Hrsg.), Restorative Justice – Der Versuch, das Unübersetzbare in Worte
zu fassen
Köln 2013, S. 1 - 10

Ehret, Beate

Friedenszirkel. Eine nachhaltige Methode der außergerichtlichen Konfliktschlichtung im Rahmen der Restorative Justice
18. Deutscher Präventionstag, 2013
Abrufbar unter:
http://www.praeventionstag.de/html/GetDokumentation.cms?XID=1503.
(zitiert: Ehret-Friedenszirkel)

Eisenberg, Ulrich

Jugendgerichtsgesetz
16. Auflage, München 2013

Fachhochschule Potsdam

Newsletter Familienrat Berlin/Brandenburg
Ausgabe 2/2013
Abrufbar unter: http://www.familienrat-
fgc.de/files/Fachartikel/Newsletter/Newsletter%20FHP%202-2013.pdf
(zitiert: FH Potsdam Newsletter)

Frank, Kerstin
Seifert, Brigitte

Evaluation von Modellprogrammen
In: Experimentierende Evaluation, Maja Heiner (Hrsg.)
Weinheim 1998, S. 167 - 193

Fröhlich-Gildhoff, Klaus	Gewalt begegnen – Konzepte und Projekte zur Prävention und Intervention Stuttgart 2006
Gelber, Claudia Walter, Michael	Über Möglichkeiten einer opferbezogenen Vollzugsgestaltung Forum Strafvollzug 2012, S. 171 - 174
Hagemann, Otmar	Erster Zwischenbericht über Gemeinschaftskonferenzen in Elmshorn Norderstedt, Februar 2008 Abrufbar unter: http://www.fh-kiel.de/fileadmin/data/sug/pdf-Dokument/Hagemann/Zwischenbericht_GMK.pdf (zitiert: Hagemann GMK)
ders.	„Conferencing": Ein Ansatz zur Aufarbeitung von Straftaten und Opfererlebnissen in erweiterten sozialen Kontexten Praxis der Rechtspsychologie, Dezember 2010, S. 306 - 324
ders.	Restorative Justice: Konzept, Ideen, Hindernisse In: Schriftenreihe soziale Strafrechtspflege - Band 1 Kiel 2011 (zitiert: Hagemann Band 1)
Hagemann, Otmar Lummer, Ricarda	Restorative Justice – auch das Unübersetzbare braucht klare Begriffe In: TOA Infodienst Nr. 45 Dezember 2012
Hartmann, Arthur Haas, Marie Steengrafe, Felix	Täter-Opfer-Ausgleich im Strafvollzug Ergebnisse des MEREPS-Projektes BewHi 1/2013, S. 39 - 55

heide kurier	Die Faust in der Tasche lassen
	Verein Sprungbrett bietet ab Ende Oktober Anti-Gewalt-Training an
	10. Oktober 2012
	Abrufbar unter:
	http://vereinsprungbrett.de/tl_files/sprungbrett/Presseartikel/AGT HK
	201205112012_0001.pdf
	(zitiert: heide kurier vom 10.10.2012)
Heinemann, Eva	Diversionsrichtlinien im Jugendstrafrecht:
	Segen oder Fluch
	Mainz 2010
Integrationshilfe Tat-Ausgleich Berlin Wilmersdorf	Informationsflyer für das Jugendamt und andere Fachkräfte der Jugendhilfe
	Abrufbar unter: https://www.ejf.de/fileadmin/user_upload/pics-einrichtungen/jugendhilfe-pdf/Integrationshilfe/toa_angebote-fuer-kinder.pdf
	(zitiert: Tatausgleich Flyer)
ders.	Jahresbericht 2013
	Abrufbar unter: https://www.ejf.de/fileadmin/user_upload/pics-einrichtungen/jugendhilfe-pdf/Integrationshilfe/SachberichtTOA2013.pdf
	(zitiert: Tatausgleich Jahresbericht 2013)
Jung, Heike	Zur Renaissance des Opfers – ein Lehrstück kriminalpolitischer Zeitgeschichte
	ZRP 2000, S. 159 - 163
Kempfer, Jacqueline Rössner, Dieter	Kriminalprävention durch TOA – Ergebnisse aus der Rückfallforschung
	In: Vortragssammlung des 12. Forums für Täter-Opfer-Ausgleich 2008, Konfliktschlichtung e.V. – Täter-Opfer-Ausgleich und Mediation –
	Oldenburg (Hrsg.), S. 4 - 10
	Abrufbar unter: http://www.toa-servicebuero.de/sites/toa-servicebuero.de/files/bibliothek/12._forum_vortraege.pdf

Kersten, Joachim	„Restorative Justice" – Innovative Ansätze im Umgang mit Konflikten und Gewaltereignissen ZJJ 2/2012, S. 168 - 174
Keudel, Anke	Die Effizienz des Täter-Opfer-Ausgleichs – überprüft an Hand einer Rückfalluntersuchung BewHi 3/2001 S. 303 - 310
Kolberg, Jan Hendrik	Das jüngste Gericht: Ein Sturm im Wasserglas? Rezeption der US-amerikanischen Teen-Courts im deutschen Jugendstrafrecht Berlin 2011
Kunz, Franziska	Im Osten was Neues: Täter-Opfer-Ausgleich aus Sicht der Beteiligten Ergebnisse einer Befragung von jugendlichen bzw. heranwachsenden Tätern und ihren Opfern MSchrKrim 2007, S. 466 - 483
Matzke, Michael	Grundlagen in praktische Bedeutung des Täter-Opfer-Ausgleichs in der Jugendstrafrechtspflege Berlins BewHi 3/1997, 298 - 307
Meier, Bernd-Dieter Rössner, Dieter Trüg, Gerson Wulf, Rüdiger	Jugendgerichtsgesetz Handkommentar Baden-Baden 2011 (zitiert: Bearbeiter in: HK-JGG)
Meier, Bernd-Dieter Rössner, Dieter Schöch, Heinz	Jugendstrafrecht 2. Auflage, München 2007 (zitiert: M/R/S)
Ostendorf, Heribert	Jugendgerichtsgesetz 9. Auflage, Baden-Baden 2013 (zitiert: NK-JGG)

ders.   Jugendstrafrecht

                                   7. Auflage, Baden-Baden 2013

Rautenberg, Erardo Cristoforo   Schülergerichte: Kriminalpolitischer Verhältnisblödsinn!

                                   NJW 2006, 2749 - 2750

Rössner, Dieter   Wirklichkeit und Wirkung des Täter-Opfer-Ausgleichs in Deutschland

                                   In: Helgerth, Roland/ Dölling, Dieter/ Schöch, Heinz/ König, Peter

                                   (Hrsg.), Recht gestalten – dem Recht dienen, Festschrift für Reinhard

                                   Böttcher

                                   Berlin, 2007, S. 357 - 378

Sabass, Verena   Schülergremien in der Jugendstrafrechtspflege – Ein neuer Diversions-

                                   ansatz. Das „kriminalpädagogische Schülerprojekt Aschaffenburg" und

                                   die US-amerikanischen Teen Courts.

                                   Münster 2004

Schädler, Wolfram   Nicht ohne das Opfer? Der Täter-Opfer-Ausgleich und die Rechtspre-

                                   chung des BGH.

                                   NStZ 2005, S. 366 - 370

Schimmel, Dominique   Täter-Opfer-Ausgleich als Alternative?

                                   Eine rechtstatsächliche Untersuchung über Möglichkeiten und Stellen-

                                   wert des Täter-Opfer-Ausgleichs in der (jugend-) staatsanwaltlichen

                                   Praxis

                                   Frankfurt am Main 2000

Schöch, Heinz   Kriminalpädagogische Schülerprojekte in Bayern
Traulsen, Monika   In: Helgerth, Roland/ Dölling, Dieter/ Schöch, Heinz/ König, Peter

                                   (Hrsg.), Recht gestalten – dem Recht dienen, Festschrift für Reinhard

                                   Böttcher

                                   Berlin 2007, S. 379 - 402

Schreckling, Jürgen	Täter-Opfer-Ausgleich nach Jugendstraftaten in Köln
	Bundesministerium der Justiz (Hrsg.)
	2. Auflage, Bonn 2000
Simsa, Christiane	Konfliktmanagement an Schulen – Möglichkeiten und Grenzen der
Schubarth, Wilfried	Schulmediation
	Frankfurt am Main 2001
	(zitiert: Bearbeiter in: Simsa/Schubarth)
Statistisches Bundesamt	Rechtspflege Staatsanwaltschaften 2012
	Abrufbar unter:
	https://www.destatis.de/DE/Publikationen/Thematisch/Rechtspflege/
	GerichtePersonal/Staatsanwaltschaften2100260127004.pdf?__blob=
	publicationFile
	Wiesbaden 2013
	(zitiert: Staatsanwaltsstatistik 2012)
ders.	Rechtsfolge Strafverfolgung 2012
	Abrufbar unter:
	https://www.destatis.de/DE/Publikationen/Thematisch/Rechtspflege/
	StrafverfolgungVollzug/Strafverfolgung2100300127004.pdf?__blob
	=publicationFile
	Wiesbaden 2014
	(zitiert: Strafverfolgungsstatistik 2012)
Streng, Franz	Jugendstrafrecht
	3. Auflage, Heidelberg 2012
Täter-Opfer-Ausgleich Bremen e.V.	Nachrichten aus dem Täter-Opfer-Ausgleich Bremen
	Nr. 20, März 2014
	(zitiert: TOA Infoblatt Nr. 20)
Trenczek, Thomas	Jugendgerichtshilfe: Aufgaben und Steuerungsverantwortung
	ZJJ 1/2007, S. 31 - 39

ders.

Restorative Justice in der Praxis – Täter-Opfer-Ausgleich und Mediation in Deutschland

In: Strafrecht und Kriminalpolitik DBH Fachverband für Soziale Arbeit, TOA Servicebüro für Täter-Opfer-Ausgleich und Konfliktschlichtung (Hrsg.), Restorative Justice – Der Versuch, das Unübersetzbare in Worte zu fassen

Köln 2013, S. 92 - 106

United Nations

Basic principles on the use of restorative justice programmes in criminal matters

ECOSOC Resolution 2002/12

Abrufbar unter: https://www.un.org/en/ecosoc/docs/2002/ resolution%202002-12.pdf

(zitiert: UN 2002/12)

Watzke, Ed

Äquilibristischer Tanz zwischen Welten: auf dem Weg zu einer transgressiven Mediation

4. Auflage, Bonn 2011

Winter, Frank
Matt, Eduard

Restorative Justice und Täter-Opfer-Ausgleich in Deutschland – zwischen lästiger Pflicht und sozialintegrativem Potential

NK 2/2012 S. 73 - 79

Zehr, Howard

Fairsöhnt: Restaurative Gerechtigkeit – Wie Täter und Opfer heil werden können

Schwarzenfeld 2010

STUDIENABSCHLUSSARBEIT

A. Einleitung

Entgegen der Ansicht von „Deutschlands härtestem Jugendrichter"[1] Andreas Müller, der sich für schnellere und vor allem härtere Sanktionen gegen junge Täter einsetzt, hat kriminologischen Studien[2] zufolge die freiheitsentziehende Jugendstrafe kaum eine abschreckende Wirkung für Jugendliche[3], da sie wenig mit dem verursachten Unrecht und Schaden konfrontiert werden. Im Rahmen dieser allgegenwärtigen Diskussion wird eines besonders deutlich: die deutsche Strafjustiz und das allgemeine öffentliche Interesse drehen sich noch primär um die Fragen, gegen welches Gesetz verstoßen wurde, welche Sanktion dafür verhängt werden sollte und wer der Täter[4] ist.[5] Das Opfer der Straftat wird im Strafverfahren häufig an den Rand gedrängt,[6] eine Zeugenaussage wird aufgenommen, eine Neben- oder Privatklage ist jedoch nur in bestimmten Fällen zulässig. Grundsätzlich kann das Opfer deshalb im Strafverfahren keine Wiedergutmachung des erlittenen Schadens erhalten, da nur der Staat Träger des Strafanspruchs ist.[7] Um den Schaden dennoch ersetzt zu bekommen, kann zwar der zeit- und kostenaufwändige Weg eines Zivilverfahrens beschritten werden, jedoch bleiben für das Opfer auch danach oft ungelöste Fragen sowie die Angst, dass der Täter aus der Haft entlassen wird und die Tat wiederholen könnte.[8] Aus diesen Gründen haben andere Formen der Tataufarbeitung und Wiedergutmachung in Form von Restorative Justice (RJ) - Methoden in Deutschland (*siehe Anlage 1*) zunehmend an Bedeutung gewonnen. Besonders im deutschen Jugendstrafrecht spielen diese eine wichtige Rolle, da sie auch der Erziehung der Jugendlichen und der Rückfallprävention gem. § 2 Abs. 1 S. 2 JGG dienen und ebenso für das Opfer viele Vorteile und Möglichkeiten gegenüber einem herkömmlichen Strafverfahren zu bieten haben.

---

[1] Bezeichnung geprägt durch Beiträge in Zeitungen und Fernsehsendungen, erst jüngst bei „maybritt illner spezial", ausgestrahlt am 24.03.2014 im ZDF.
[2] Matzke in: BewHi 3/1997, 300.
[3] Im Folgenden wird nur der Begriff „Jugendlicher" verwendet. Eingeschlossen sind jedoch ausdrücklich auch Heranwachsende. Der Einfachheit halber wird nur die männliche Form benutzt, welche die weibliche Form ausdrücklich mit einschließt.
[4] Die Begriffe „Täter" und „Opfer" sind in ihrer Definition komplex und umstritten. In der folgenden Arbeit werden sie nicht strafrechtlich, sondern im kriminologischen Sinne verwendet, so dass der Begriff „Täter" für einen Menschen benutzt wird, der eine Straftat unmittelbar oder mittelbar begangen hat (oder haben soll). Der Begriff „Opfer" wird für eine Person verwendet, dessen Rechtsgüter durch die Tat verletzt wurden (oder worden sein sollen). Der Einfachheit halber wird nur die männliche Form benutzt, welche die weibliche Form ausdrücklich mit einschließt.
[5] Zehr, 32.
[6] Dölling in: FS Jung, 77; Jung in: ZRP 2000, 159.
[7] BGHSt 16, 229.
[8] Gelber/Walter in: Forum Strafvollzug 2012, 171.

B. Restorative Justice - Methoden

Nach einer grundlegenden Begriffsbestimmung soll im Folgenden auf die wichtigsten RJ - Methoden eingegangen werden.

I. Begriffsbestimmung

Der Begriff RJ setzt sich zusammen aus „to restore", was wiederherstellen oder zurückgeben[9] bedeutet und „justice", was mit Recht oder Gerechtigkeit[10] übersetzt wird.[11] Grundsätzlich ist RJ als Oberbegriff für Alternativen zum strafrechtlichen Umgang mit Kriminalität zu verstehen.[12] Nach der Definition der UN[13] stellt RJ verschiedene Verfahren dar, in denen Täter und Opfer aktiv gemeinsam an der Lösung und Bereinigung der Folgewirkungen der Straftat zusammen mit einem allparteiischen Mediator arbeiten. Die sich stellenden Fragen lauten, wer geschädigt wurde, welche negativen Folgen dadurch auftraten und wie sich diese Lage wieder ausgleichen lässt.[14] Im Unterschied zum klassischen Strafverfahren liegt das Augenmerk nicht auf der Vergangenheit, sondern auf der Zukunft, denn Ziel aller RJ-Methoden ist das Aushandeln eines für alle Beteiligten akzeptablen Ergebnisses zur Wiederherstellung der Beziehungen und des sozialen Friedens.[15] Im deutschen Jugendstrafrecht entstanden 1982 bei der Jugendgerichtshilfe (JGH) Braunschweig sowie 1984/85 bei dem Verein „Handschlag" in Reutlingen erste RJ-Modellprojekte.[16] In der Praxis des deutschen Jugendstrafrechts kommt dem Täter-Opfer-Ausgleich (TOA) die meiste Bedeutung zu. Dennoch konnten sich auch andere RJ-Methoden etablieren, welche die Freiwilligkeit aller Teilnehmenden, die aktive Beteiligung an der Problemlösung und die Suche nach Mitteln und Wegen, den durch die Straftat verursachten Schaden wiedergutzumachen, gemeinsam haben.[17] In Deutschland sind sämtliche RJ-Methoden und Modellprojekte (MP) für jugendliche Täter und deren Opfer kostenfrei. Da diese jedoch grundsätzlich sehr aufwändig sind, kommen sie generell nicht bei Bagatelldelikten zum Einsatz, die nach § 45 Abs. 1 JGG von der StA eingestellt werden.[18]

---

[9] URL: http://www.dict.cc/englisch-deutsch/to+restore.html.
[10] URL: http://www.dict.cc/englisch-deutsch/justice.html.
[11] Aufgrund der unterschiedlichen Übersetzungsmöglichkeiten wird im Folgenden weiterhin die englische Bezeichnung verwendet.
[12] Lutz in: Hb Jugendkr., 406.
[13] UN 2002/12, I Nr. 2.
[14] Zehr, 32.
[15] Lutz in: Hb Jugendkr., 406.
[16] Hagemann Band 1, 162.
[17] Lutz in: Hb Jugendkr., 406f.
[18] BT-Drs. 11/5829, 17.

II. Methoden des Restorative Justice im deutschen Jugendstrafrecht

Schwerpunktartig wird aufgrund seiner Praxisrelevanz im Folgenden auf den TOA eingegangen. Daneben sind noch drei weitere Methoden bedeutsam.

1) Der Täter-Opfer-Ausgleich

a) Einführung

Der TOA wurde durch das 1. JGG Änderungsgesetz[19] im Jahr 1990 erstmals gesetzlich normiert und ist seitdem in § 10 Abs. 1 S. 1 Nr. 7 JGG[20] legaldefiniert. Ein TOA ist danach ein Ausgleich des Jugendlichen mit dem Verletzten, also eine außergerichtliche Präventivmaßnahme, in welcher der Täter „mit dem Verletzungscharakter seiner Tat, dem aktuellen Geltungsbereich strafrechtlicher Normen und der Bedeutung der Rechtsordnung für ein einvernehmliches Zusammenleben"[21] konfrontiert wird und das Opfer die Möglichkeit zur Tatverarbeitung erhält.[22] Für die angestrebte finale Vereinbarung zwischen den Beteiligten kommt ein bunter Strauß an Möglichkeiten infrage: finanzieller Schadensersatz, eine Entschuldigung bei dem Opfer, Wiedergutmachungshandlungen, gemeinnützige Arbeit oder eine Zusage über die Besserung des künftigen Verhaltens.[23] Der TOA hat, vor allem in den letzten Jahren, zunehmend an Bedeutung gewonnen *(siehe Anlage 2)*. Die Durchführung erfolgt dabei vermehrt mit jugendlichen Straftätern, da sie einen Großteil aller Beschuldigten ausmachen *(siehe Anlage 3)* und ein TOA dem Erziehungs- und Strafpräventionsziel in § 2 Abs. 1 JGG dienen kann. Generell eignen sich alle Delikte für einen TOA, bei denen dem Täter natürliche Personen als Opfer[24] gegenüberstehen, am häufigsten wird ein TOA im Jugendstrafrecht jedoch bei Körperverletzungsdelikten durchgeführt *(siehe Anlage 4)*.

b) Gesetzliche Voraussetzungen

Ein TOA wird überwiegend im Vorverfahren angeregt *(siehe Anlage 5)* und durchgeführt, obwohl die Möglichkeit dazu in jedem Verfahrensstadium besteht. Daraus ergeben sich verschiedene gesetzliche Voraussetzungen. Die Verfahrenseinstellung im Vorverfahren wird Diversion genannt, die Strafverfolgung kann ohne durch Strafurteil erfolgende Sanktionierung des Täters beendet werden.[25]

---

[19] BGBl. I 1990, 1163.
[20] Auf die Vorschriften im Erwachsenenstrafrecht soll im Folgenden nicht eingegangen werden.
[21] BT-Drs. 11/5829, 17.
[22] Eisenberg, § 10 Rn. 27.
[23] Hartmann u.a. in: BewHi 1/2013, 40.
[24] Blessing in: HK-JGG, § 45 Rn. 33.
[25] Brunner/Dölling, § 45 Rn. 4.

3

Für das Tatopfer kann so eine bessere Möglichkeit der Schadenswiedergutmachung und Tataufarbeitung geschaffen werden, der Jugendliche erhält die Möglichkeit sein begangenes Unrecht auszugleichen, ohne als „Verbrecher" stigmati-
siert zu werden, weitere Straftaten des Jugendlichen können durch eine zeitnahe
Fallbearbeitung vermieden und die Justiz kann entlastet werden.[26]

aa) Einstellung im Vorverfahren nach § 45 Abs. 2 S. 2 JGG

Eine Diversion nach § 45 Abs. 2 JGG erfolgt aktuell in 29 % aller jugendrechtli-
cher Verfahren (*siehe Anlage 6*). Sie kann nur zur Anwendung kommen, wenn das
Verfahren nicht bereits aufgrund verfassungsrechtlicher Unbedenklichkeit nach
§ 45 Abs. 1 JGG eingestellt wurde. Dies ergibt sich aus dem Stufenprinzip des
§ 45 JGG.[27] § 45 Abs. 2 S. 2 JGG enthält die Einstellungsmöglichkeit der StA
nach dem Bemühen des Jugendlichen um einen TOA. Aufgrund dessen handelt es
sich dabei um eine außerstrafrechtliche Reaktionsmöglichkeit.[28]

(1) Anregung des TOA

In rund 75 % aller Fälle regt die StA den TOA gegenüber dem Jugendlichen an
(*siehe Anlage 7)* und stellt nach Durchführung bzw. nach Bemühen um den TOA
das Verfahren ein. Im Gegensatz dazu ist es der StA nicht gestattet, die Durchführung eines TOA anzuordnen, dies obliegt nach § 45 Abs. 3 JGG allein dem Richter.[29] Wie bereits oben erwähnt, muss der Jugendliche dem Verfahren freiwillig
zustimmen. Streitig ist allerdings, ob Erziehungsberechtigte oder gesetzliche Vertreter ebenfalls einverstanden sein müssen. Dies ist gesetzlich nicht definiert, jedoch darf nach allgemeiner Übereinstimmung[30] die Maßnahme nicht gegen ihren
erklärten Willen vorgenommen werden. Erfahrungsgemäß ist diese Frage in der
Praxis allerdings unbedeutend, da Eltern bzw. gesetzliche Vertreter normalerweise
jeder Maßnahme zustimmen, die ein Strafverfahren und einen drohenden Gefäng-
nisaufenthalt ihres Kindes bzw. Schützlings verhindern wird.[31]

(2) Bemühen um einen TOA

Der Jugendliche müsste sich gemäß § 45 Abs. 2 S. 2 JGG lediglich um einen
TOA bemüht haben. Der Begriff des Bemühens ist ein unbestimmter Rechtsbe-

---

[26] Heinemann, 4ff.
[27] Diemer in: D/S/S JGG, § 45, Rn. 8.
[28] Eisenberg, § 45 Rn. 17.
[29] Schimmel, 22; der Einfachheit halber wird nur die männliche Form der Berufsbezeichnung
„Richter" benutzt, welche die weibliche Form ausdrücklich mit einschließt.
[30] Streng, § 7 Rn. 181; Trenczek in: ZJJ 1/2007, 37.
[31] Information erhalten von Hrn. Breymann, Oberstaatsanwalt der StA Magdeburg.

griff, meint jedoch nach der Definition des DUDEN[32], sich anzustrengen, der Aufgabe gerecht zu werden. Das tatsächliche Zustandekommen des TOA wird nicht vorausgesetzt, da sich das Opfer nicht gedrängt oder verpflichtet fühlen soll, in einen TOA einzuwilligen. Umgekehrt bleibt die Unschuldsvermutung bestehen, dass heißt, auch wenn der Jugendliche den TOA verweigert, darf dies durch den Richter nicht als Schuldeingeständnis bewertet werden.[33]

(3) Gesicherter Tatverdacht

Eine ungeschriebene Einstellungsvoraussetzung[34] ist ein gesicherter Tatverdacht. Dabei ist fraglich, ob für die Durchführung eines TOA ein Geständnis erforderlich ist. Da dies Tatbestandsmerkmal von Abs. 3 ist und in Abs. 2 nicht aufgenommen wurde, ist ein Geständnis nach dem Willen des Gesetzgebers wohl nicht notwendig. Allerdings sollte der Nachweis der Schuld eindeutig[35] sein, da ein TOA andernfalls nicht durchgeführt werden kann. In der Praxis wird die Schuld in der Regel durch ein Geständnis des Jugendlichen nachgewiesen, da die meisten Jugendlichen sehr gesprächsbereit und geständnisfreudig sind und intensivere Ermittlungsarbeit deshalb meistens nicht notwendig ist.[36]

(4) Rechtsfolge

§ 45 Abs. 2 JGG ist keine Ermessensnorm, denn die StA muss das Verfahren einstellen, wenn sie zu der Erkenntnis gelangt, dass der Jugendliche das durch ihn verursachte Unrecht durch den TOA eingesehen hat und es keiner weiteren Strafverfolgung bedarf.[37] Die Diversion nach § 45 Abs. 2 JGG erwächst nicht in Rechtskraft, die Strafverfolgung kann durch die StA jederzeit wieder aufgenommen werden.[38] Dies kommt z.B. infrage, wenn der Jugendliche die vereinbarte Leistung an das Opfer nicht wie vereinbart erbringt.

bb) Einstellung im Vorverfahren nach § 45 Abs. 3 JGG

Die Diversion kann ebenfalls nach § 45 Abs. 3 JGG erfolgen. Wenn der Jugendliche geständig ist, kann die StA beim Jugendrichter die Anordnung eines TOA als Weisung nach § 10 Abs. 1 S. 3 Nr. 7 JGG oder Auflage nach § 15 Abs. 1 S. 1 Nr. 1, 2 JGG anregen. Der Richter ist an die Anregung nicht gebunden, er entscheidet

---

[32] URL: http://www.duden.de/rechtschreibung/bemuehen.
[33] M/R/S, § 6 Rn. 26.
[34] Eisenberg, § 45 Rn. 8.
[35] NK-JGG, § 45, Rn. 14.
[36] Information erhalten von Hrn. Breymann (siehe Fn. 31).
[37] Blessing in: HK-JGG, § 45 Rn. 21.
[38] Streng, § 7 Rn. 186; Eisenberg, § 45 Rn. 31f.

nach seinem Ermessen.[39] Sobald der Jugendliche der Weisung bzw. Auflage nachgekommen ist, stellt die StA das Verfahren nach § 45 Abs. 3 S. 2 JGG ein. Es handelt sich hierbei um eine informelle strafrechtliche Sanktion, die mit 2,1 % Anwendungen im Jahr 2012 jedoch kaum praxisrelevant ist (*siehe Anlage 6*). Dies mag vor allem daran liegen, dass die StA den TOA auch selbst nach § 45 Abs. 2 JGG anregen kann und damit meistens erfolgreich ist.[40]

cc) Einstellung im Hauptverfahren, § 47 Abs. 1 S. 1 Nr. 2, 3 JGG

Das Verfahren kann auch nach Anklageerhebung und sogar nach Eröffnung der Hauptverhandlung[41] durch den Jugendrichter mit Zustimmung der StA nach § 47 Abs. 1 S. 1 Nr. 2 oder 3 JGG eingestellt werden, wenn dafür die Voraussetzungen von § 45 Abs. 2 bzw. 3 JGG vorliegen. Nach § 47 Abs. 1 S. 2 JGG kann der Richter eine Frist von 6 Monaten zur Erfüllung des TOA setzen. In der Praxis wird dies in ca. 15% aller gerichtlichen Verfahren angewandt (*siehe Anlage 6*).

dd) Bewährungsauflage, § 23 Abs. 1 JGG

Der Richter soll während der Bewährungszeit die Lebensführung des Jugendlichen durch Weisungen beeinflussen. Danach ist die Anordnung eines TOA durch den Richter nach §§ 23 Abs. 1 S. 1, 10 Abs. 1 S. 3 Nr. 7 JGG als Maßnahme der Strafaussetzung zur Bewährung möglich. Auch kann er den TOA als Bewährungsauflage nach §§ 23 Abs. 1 S. 2, 15 Abs. 1 S. 1 Nr. 1, 2 JGG erteilen.

ee) Aussetzung zur Bewährung, § 88 Abs. 6 S. 1 JGG

Nach § 88 Abs. 6 S. 1 JGG kann § 23 Abs. 1 JGG ebenfalls zur Anwendung kommen, wenn der Rest einer Jugendstrafe zur Bewährung ausgesetzt wird.

ff) Resümee

Die Diversion kann sowohl im Vor- als auch im Hauptverfahren erfolgen. Der Jugendrichter kann den TOA ebenfalls als Weisung oder Auflage anordnen. Nach erfolgter Diversion erhält der Jugendliche keinen Eintrag in sein Strafregister. Es erfolgt lediglich ein Vermerk nach § 63 BZRG im Erziehungsregister, der aber mit Vollendung des 24. Lebensjahres gelöscht wird und niemandem offenbart werden muss. Im Gegensatz dazu werden Jugendfreiheitsstrafen gem. § 46 BZRG erst nach 5 bis 20 Jahren aus dem BZR gelöscht und u.U. auch in das polizeiliche Führungszeugnis aufgenommen.

---

[39] M/R/S, § 7 Rn. 24.
[40] Blessing in: HK-JGG, § 45 Rn. 37.
[41] Schimmel, 29.

c) TOA in der Praxis

Der TOA ist die praxisrelevanteste RJ-Methode im deutschen Jugendstrafrecht. Die Ausgleichsbereitschaft ist auf Täterseite sehr hoch, im Jahr 2012 lag sie bei 72,7 %. Die Opfer der Straftaten waren zu 57,8 % zu einem Ausgleich bereit.[42]

aa) Durchführung

Im Durchschnitt nehmen drei Personen[43] am TOA teil: Täter, Opfer und Mediator[44]. Mediatoren können, anders als Richter, keine Sanktionen verhängen, sondern strukturieren nur den Ablauf der Mediation und helfen den Beteiligten zu kommunizieren.[45] Die Allparteilichkeit der Mediatoren ist in § 2 Abs. 3 S. 1 MediationsG verankert. Grundsätzlich wird der TOA nach der Standardmethode durchgeführt, in Ausnahmefällen und mit entsprechender Ausbildung der Mitarbeiter auch nach der Methode des „gemischten Doppels".[46]

(1) Ablauf eines TOA

Der TOA wird in den meisten Fällen durch die StA angeregt (*siehe Anlage 7*), indem sie die JGH anweist zu versuchen, einen TOA durchzuführen.[47] Die JGH führt dann entweder selbst ein erstes Vorgespräch mit dem Täter oder übermittelt den Fall an einen freien Träger. In dem Vorgespräch spricht der Mediator mit dem Jugendlichen über die Tat und dessen Bereitschaft zur Durchführung des TOA.[48] Bei entsprechender Zustimmung nimmt der Mediator Kontakt zu dem Opfer auf und führt ggf. auch ein separates Vorgespräch.[49] Der Fall eignet sich für einen TOA, wenn Täter und Opfer dazu bereit sind und der Täter die schädigende Handlung nicht bestreitet,[50] denn wie bereits erwähnt, sollte grundsätzlich ein klarer Sachverhalt vorliegen. Die in jedem Fall angestrebte persönliche Begegnung von Täter und Opfer,[51] konnte im Jahr 2012 in ca. 61 % der Fälle erreicht werden.[52] Wenn es zu einem Ausgleichsgespräch kommt, dauert dieses, aufgrund der starken emotionalen Belastung für beide Seiten, in der Regel nicht länger als 90 Mi-

---

[42] TOA-Statistik 2012, 34ff.
[43] Hagemann/Lummer, 33.
[44] Der Einfachheit halber wird nur die männliche Form benutzt, welche die weibliche Form ausdrücklich mit einschließt.
[45] Hagemann Band1, 159.
[46] Information erhalten von Fr. Greif von „die waage köln" - Verein zur Förderung des Täter-Opfer-Ausgleichs e.V.
[47] Schimmel, 10.
[48] Information erhalten von Fr. Greif (siehe Fn. 46).
[49] Schimmel, 10.
[50] Schädler in: NStZ 2005, 367.
[51] Schreckling, 20.
[52] TOA-Statistik 2012, 44.

nuten.[53] Dabei werden die Tatumstände, die Folgen der Tat und die jeweilige Sichtweise von Täter und Opfer besprochen.

(2) Mediationsvarianten

Der Mediator kann verschiedene Mediationsvarianten anwenden, um das Gespräch erfolgreich zu gestalten. Die wichtigsten sind das aktive Zuhören, bei dem der Mediator gezielt zu verstehen versucht, wie sich die andere Person fühlt, und das Spiegeln.[54] Dabei gibt der Mediator mit eigenen Worten kurz wieder, was er gehört und verstanden hat.[55] Viele Jugendliche können ihre Gefühle nicht richtig in Worte fassen oder schämen sich zu sehr, um aktiv am Gespräch teilnehmen, deshalb wird auch das „Doppeln" häufig verwendet. Dabei nimmt der Mediator zeitweise die Position einer Partei ein und äußert in der Ich-Perspektive Gedanken und Gefühle von denen er glaubt, dass sie der Beteiligte in dem Moment haben könnte.[56] Bei der Methode des „gemischten Doppels" finden zwei separate Einzelgespräche von Täter und Opfer zeitgleich mit zwei Mediatoren statt. Anschließend geben die zwei Mediatoren dem Täter und dem Opfer zusammen das Gehörte wieder und fragen sie, ob die Darstellung korrekt war.[57] Diese Methode hilft beiden Beteiligten, eventuelle Kommunikationsschwierigkeiten zu umgehen. Aufgrund des höheren Personaleinsatzes wird diese Methode jedoch nur in Ausnahmefällen angewandt.[58]

(3) Ergebnis eines TOA

Im Ergebnis sollte durch eine vereinbarte Wiedergutmachungsleistung der Konflikt bereinigt werden. Wenn das Schlichtungsgespräch nicht stattfindet, hat der Täter noch die Möglichkeit, andere Wiedergutmachungsleistungen zu erbringen, z.B. einen Entschuldigungsbrief, Zahlung von Schmerzensgeld etc.[59] Der Mediator fungiert dann als Übermittler von Informationen und Vorschlägen der Parteien.[60] Das Einhalten von Vereinbarungen wird von dem freien Träger oder der JGH überwacht. Diese erstattet der StA Bericht, die das Verfahren daraufhin einstellen kann.[61] Bei Bedarf besteht die Möglichkeit, dass finanziell schwache Ju-

---

[53] Information erhalten von Fr. Greif (siehe Fn. 46).
[54] Information erhalten von Hrn. Delattre, Servicebüro für TOA und Konfliktschlichtung.
[55] Besemer, 117.
[56] Information erhalten von Fr. Greif (siehe Fn. 46).
[57] Watzke, 32ff.
[58] Information erhalten von Fr. Greif (siehe Fn. 46).
[59] Schimmel, 11.
[60] Schreckling, 20.
[61] Schreckling, 20.

gendliche die vereinbarte materielle Schadensleistung zunächst aus einem „Opfer-fonds" an ihre Opfer zahlen.[62] Das zinslose Darlehen wird anschließend durch Arbeitsleistungen des Jugendlichen wieder in den Fonds eingezahlt. Dabei wird die Leistung durchschnittlich mit 7-8 €/Stunde vergütet.[63]

bb) Vorteile des Täter-Opfer-Ausgleichs

(1) Für das Opfer

Das Opfer hat die Möglichkeit, durch den TOA das Tatgeschehen sowie die -ursachen aufzuarbeiten und so die Tat zu bewältigen. Auch können die physischen und psychischen Belastungen, die mit den Folgen der Tat einhergehen, abgebaut und das Vertrauen in die Rechtsordnung wieder gewonnen werden.[64] Das Opfer kann ein zeit- und kostenaufwendiges Zivilgerichtsverfahren bzw. eine Privat- oder Nebenklage vermeiden[65] und trotzdem seinen materiellen oder immateriellen Schaden ersetzt bekommen. In der Praxis nehmen Opfer hauptsächlich an einem TOA teil, weil sie das Bedürfnis haben, den Täter und seine Tatmotive kennen zu lernen, weil ein TOA die Aussicht auf schnelle und unbürokratische Schadensregulierung bietet, wegen des Bestrebens, den Täter „sozial zu erziehen" und weil sie den Wunsch nach einer persönlicher Entschuldigung haben.[66]

(2) Für den Täter

Der Täter hat die Möglichkeit, Verantwortung für die Tat und das Opfer zu übernehmen, sich zu entschuldigen und so die entstandene Schuld zu bewältigen.[67] Er soll auch die Gelegenheit haben, das Unrecht seines Tuns zu erkennen und sich von seiner Tat zu distanzieren.[68] Jugendliche Täter nehmen hauptsächlich wegen des Wunsches nach eigenständiger, außergerichtlicher Konfliktregelung teil, aber auch wegen der Diversionsmöglichkeit.[69] Viele jugendliche Täter möchten sich bei dem Opfer persönlich entschuldigen und Schadenswiedergutmachung erbringen.[70] Ein TOA erfüllt neben der absoluten und relativen Straftheorie zugleich noch das primäre Ziel des Jugendstrafrechts gemäß § 2 Abs. 1 JGG.[71]

---

[62] Information erhalten von Fr. Berger, Caritasverband Dinslaken.
[63] Information erhalten von Hrn. Breymann (siehe Fn. 31).
[64] Schroth in: FS Hamm, 678.
[65] Information erhalten von Hrn. Breymann (siehe Fn. 31).
[66] Kunz in: MSchrKrim 2007, 470.
[67] Kunz in: MSchrKrim 2007, 471.
[68] BT-Drs. 12/6853, 21.
[69] Kunz in: MSchrKrim 2007, 471.
[70] Rössner in: FS Böttcher, 378.
[71] Information erhalten von Hrn. Breymann (siehe Fn. 31).

cc) Kritik

Ein TOA soll von Tätern und Opfern stets freiwillig durchgeführt werden, da er sonst nicht den gewünschten Erfolg bringen wird. Deshalb wird vor allem kritisiert[72], dass ein Richter den TOA als Auflage oder Weisung z.b. nach § 45 Abs. 3 JGG anordnen kann, denn der Druck eines drohenden Strafverfahrens ist geeignet, den Jugendlichen dazu zu bringen, dem Ausgleich zuzustimmen.[73] Aus diesem Grund kann das Opfer nicht sicher sein, ob der Täter nicht nur aufgrund der möglichen Diversion in die Durchführung eingewilligt hat. Aus rechtlicher Sicht ist außerdem problematisch, dass in 80% aller Fälle ein TOA vor der Hauptverhandlung im Vorverfahren angeregt wird (*siehe Anlage 5*), denn bis dato gilt noch die Unschuldsvermutung für den jugendlichen Täter.[74] Für das Opfer bleibt die Gefahr, dass der TOA scheitert oder der Täter die Wiedergutmachungsleistungen nicht wie vereinbart erbringt und dies zu einer Retraumatisierung führt.[75] Falls der TOA scheitert und der Mediator als Zeuge zu der Hauptverhandlung geladen wird, steht diesem kein Zeugnisverweigerungsrecht nach § 53 StPO zu. Eine Aussage bei Gericht ist für den Mediator stets unangenehm, denn er fühlt sich als Geheimnisträger der Beteiligten.[76] Hinzu kommen datenschutzrechtliche Bedenken, da sensible Informationen über Täter und Opfer an die freien Träger oder die JGH übermittelt werden sowie rechtsstaatliche Bedenken. Man könnte dahingehend anbringen, dass ein TOA gegen den Gleichbehandlungsgrundsatz gem. Art. 3 Abs. 1 GG verstößt, da dieser nur infrage kommt, wenn das Opfer eine natürliche Person[77] ist. Der jugendtypische Supermarktdiebstahl fällt z.B. nicht in diese Kategorie,[78] ein TOA ist deshalb nicht möglich. Die Durchführung des Ausgleichs dauert grundsätzlich länger als die Anklageerhebung. Dies ist vor allem für junge Staatsanwälte hinderlich, da deren Arbeitsqualität anhand abgeschlossener Fälle beurteilt wird.[79] Auch besteht bei vielen Staatsanwälten noch ein Wissensdefizit über den TOA und andere ziehen eine Durchführung anscheinend grundsätzlich nicht in Betracht.[80] Der TOA stellt für viele jugendliche Täter offenbar auch eine Überforderung und psychische Belastung dar. Nach einer Studie hätten nämlich

---

[72] Schimmel, 46; Eisenberg, § 45 Rn. 21a.
[73] Schimmel, 46.
[74] Schimmel, 37.
[75] Information erhalten von Frau Greif (siehe Fn. 46).
[76] Information erhalten von Fr. Berger (siehe Fn. 62).
[77] Eisenberg, § 10 Rn. 27a.
[78] Schimmel, 41.
[79] Matzke in: BewHi 3/1997, 304.
[80] Winter/Matt in: NK 2/2012, 76ff.

31% der Befragten lieber an einer Gerichtsverhandlung teilgenommen.[81]

dd) Erfolg

Wie erfolgreich ein TOA ist, ist letztendlich eine Frage der Definition. Einem TOA liegt grundsätzlich eine gewisse Wirkungserwartung zugrunde. Vor allem wird erwartet, dass der Täter das begangene Unrecht einsieht und in Zukunft Abstand von kriminellen Handlungen nimmt. Gute Gründe für die Wirkungserwartung finden sich in drei Kriminalitätstheorien,[82] vor allem in der Theorie des „reintegrative shaming"[83] von John Braithwaite. Danach zeigt die Gesellschaft dem Jugendlichen durch „shaming", also soziale Missbilligung, dass sein kriminelles Verhalten nicht toleriert wird.[84] „Shaming" durch die Konfrontation mit den Opferbelangen soll Reue hervorrufen und den Jugendlichen in Zukunft von weiteren Straftaten abhalten.[85] Zugleich hat der Täter die Möglichkeit, sich innerhalb des TOA von seiner Tat zu distanzieren und eine konforme Rolle in der Gesellschaft zu erreichen.[86] Eine Wirkungserwartung an den TOA entsteht auch durch das Konzept der Neutralisationstechniken von Sykes und Matza.[87] Danach rechtfertigen jugendliche Täter ihre Tat, verneinen das Unrecht und das Opfer.[88] Durch den TOA werden die Neutralisationstechniken durchbrochen, denn der Täter wird direkt mit den Opferbelangen konfrontiert. Schließlich lässt sich Erfolg durch den TOA auch dadurch vermuten, dass Jugendliche die Chance erhalten zu lernen, dass ihre Konfliktbewältigungsstrategien fehlerhaft sind. Dies entspricht den kriminologischen Lerntheorien, wonach durch Konditionierung eine Verhaltensänderung erreicht werden kann.[89] An dieser Stelle wird der Erfolg anhand der Zufriedenheit der Beteiligten und der Legalbewährung des Täters gemessen. Nach einer Befragung[90] von Tätern und Opfern nach einem durchgeführten TOA waren ca. 90% der Opfer mit dem gesamten TOA ganz bzw. teilweise zufrieden, bei den Tätern waren es 94 %. Ebenfalls 94 %[91] der Täter gaben an, durch den TOA viel über die Tat und die Tatfolgen für das Opfer nachgedacht zu haben. Als Indiz für die positive spezialpräventive Wirkung des TOA kann angesehen werden, dass ca.

---

[81] Kunz in: MSchrKrim 2007, 478.
[82] Kempfer/Rössner, 4.
[83] Braithwaite, 98ff.
[84] Bock, 76 f.; Kersten in: ZJJ 2/2012, 169.
[85] Kempfer/Rössner, 4f.
[86] Kempfer/Rössner, 4f.
[87] Kempfer/Rössner, 5.
[88] Bock, 62.
[89] Bock, 52.
[90] Kunz in: MSchrKrim 2007, 474.
[91] Kunz in: MSchrKrim 2007, 477.

93% der Täter angaben, dass der TOA ihr zukünftiges Leben sehr oder wenigstens teilweise positiv beeinflussen werde.[92] Im Jahr 2012 konnten zu 83,3 % einvernehmliche und abschließende Regelungen in einem TOA geschlossen werden.[93] Nach einer Rückfalluntersuchung[94] liegt die Rückfallquote bei Jugendlichen bei 20 % nach einem erfolgreich durchgeführten TOA. Hierbei ist jedoch zu differenzieren: berücksichtigt man alle Eintragungen im BZR bzw. im Erziehungsregister, demnach alle weiteren Diversionsverfahren nach §§ 45 ff. JGG, liegt die Rückfallquote bei 42 %. Eine Kontrollgruppe gab es hier nicht. Nach einer anderen Studie[95] erhielt ein Täter nach der Durchführung eines TOA im Durchschnitt 1,4 weitere Eintragungen im BZR, ohne diesen dagegen 2,1. Dabei können jedoch natürlich nur Hellfeld-Daten in die Auswertung einfließen. Nach einem vollständig durchgeführten TOA wird in 90 % der Fälle das Verfahren gegen den Jugendlichen eingestellt *(siehe Anlage 8)*.

ee) Resümee

Der TOA bietet für alle Beteiligten überwiegend Vorteile und Möglichkeiten, die staatliche Verfahren nicht bieten können. Die Anwendung sollte weiter ausgebaut und häufiger angeboten werden.

2) Schülergremien (SG)

SG, auch Teen-Courts genannt[96], sind eine zweite relevante RJ-Methode im deutschen Jugendstrafrecht.[97]

a) Grundlagen

SG sind ein informelles Verfahren, bei denen sogenannte „Gremiumsschüler" über delinquentes Verhalten eines Jugendlichen beraten und gemeinsam mit diesem eine Wiedergutmachungsvereinbarung treffen.[98] SG beruhen auf der Grundüberlegung, dass sich Jugendliche dem Einfluss von Altersgenossen stärker öffnen als dem von Erwachsenen.[99] Erfolg lässt vor allem durch die Theorie des „reintegrative shaming" vermuten. Durch die Stigmatisierung als „Verbrecher" gelangt der Jugendliche in die Außenseiterrolle, die kriminelle Karriere wird so

---

[92] Kunz in: MSchrKrim 2007, 477.
[93] TOA-Statistik 2012, 77.
[94] Keudel in: BewHi 3/2001, 305.
[95] Dölling u.a. in: MSchrKrim 2002, 189.
[96] Block/Kolberg in: ZJJ 1/2007, 8ff.
[97] Information erhalten von Hrn. Breymann (siehe Fn. 31).
[98] Breymann in: ZJJ 1/2007, 4.
[99] Block/Kolberg in: 1/ZJJ 2007, 9.

gefestigt.[100] Vor den meist gleichaltrigen Schülern verantwortet der Jugendliche sein kriminelles Verhalten und wird durch die Vereinbarung einer Wiedergutmachungshandlung aus der Rolle des „Rechtsbrechers" entlassen.[101] SG haben jedoch keine staatsanwaltschaftliche oder richterliche Entscheidungskompetenz, alle getroffenen Entscheidungen beruhen auf Freiwilligkeit, der Jugendliche muss den vorgeschlagenen Maßnahmen nicht nachkommen.[102] Im Unterschied zum TOA beziehen SG die Opfer nicht ein, weil die Schüler damit höchstwahrscheinlich überfordert wären.[103] Wiedergutmachungshandlungen, die das Opfer betreffen, können dennoch verabredet werden. In Deutschland gibt es aktuell 14 aktive SG, die ehrenamtlich von den Trägervereinen organisiert und durchgeführt werden.[104] Eines davon ist der Verein „Brücke Siegen e.V.", der bisher insgesamt 140 Schüler ausgebildet hat, 36 in den Jahren 2013/2014, und dessen Falleingänge sich in den letzten 8 Jahren von 5 in 2005 auf 125 Fälle in 2013 gesteigert haben.[105]

b) Gesetzliche Voraussetzungen

SG sind als erzieherische Maßnahme nach § 45 Abs. 2 S. 1 JGG in das deutsche Jugendstrafrecht eingebunden.[106] Eine erzieherische Maßnahme ist grundsätzlich jede Maßnahme, die geeignet ist, auf den Jugendlichen einzuwirken.[107] Gesetzliche Voraussetzung ist auch hier, dass das Verfahren gegen den Jugendlichen nicht wegen Geringfügigkeit nach § 45 Abs. 1 JGG eingestellt werden kann. Mithin muss der Sachverhalt klar sein und der Jugendliche und seine Erziehungsberechtigten müssen der Überweisung an ein Gremium zustimmen.[108] Wie bei dem TOA ist auch bei SG die Notwendigkeit eines Geständnisses umstritten. Im Ergebnis entscheiden SG jedoch nicht über die Schuldfrage, deshalb ist ein klarer Sachverhalt, in der Praxis fast immer erreicht durch ein Geständnis, notwendig.[109] Die Überweisung an das Gremium findet durch die StA fast ausschließlich im Vorverfahren statt.[110] Bei erfolgreicher Durchführung stellt die StA das Verfahren gegen den Jugendlichen i.d.R. nach § 45 Abs. 2 S. 1 JGG ein. Gängige Straftatbestände,

---

[100] Kolberg, 20.
[101] Kolberg, 23ff.
[102] Schöch/Traulsen in: FS Böttcher, 380.
[103] Schöch/Traulsen in: FS Böttcher, 380.
[104] Information erhalten von Fr. Menn-Quast von „Brücke Siegen e.V.".
[105] Information erhalten von Fr. Menn-Quast (siehe Fn. 104).
[106] Kolberg, 79.
[107] Blessing in: HK-JGG, § 45 Rn. 26.
[108] Block/Kolberg in: 1/ZJJ 2007, 14.
[109] Schöch/Traulsen in: FS Böttcher, 381.
[110] Information erhalten von Hrn. Breymann (siehe Fn. 31).

über die verhandelt werden, sind vor allem Diebstahl nach § 242 StGB, Nötigung und Bedrohung nach §§ 240, 241 StGB und Sachbeschädigung nach § 303 StGB.[111]

c) Praktische Durchführung

Die Vorbereitung einer Gremiumssitzung ähnelt der eines TOA. Die StA vermittelt einem geeignetem Träger den Fall. Zwischen dem Jugendlichen und einem sozialpädagogisch ausgebildeten Mitarbeiter findet ein Vorgespräch statt, in dem der Jugendliche über das Verfahren aufgeklärt wird und Fragen stellen kann.[112] An der Gremiumssitzung nehmen i.d.R. drei Gremiumsschüler sowie der Täter teil.[113] Der Mitarbeiter überwacht im Hintergrund das Verfahren, er achtet auch auf die Anonymität der Gremiumsschüler und des Täters.[114] Die Mediationsvariante des Spiegelns wird von den Gremiumsschülern ebenso angewandt wie das aktive Zuhören.[115] Am Ende der Sitzung kann eine Maßnahme, z.B. eine Entschuldigung bei dem Opfer, gemeinnützige Arbeit, schriftliche Reflexion über die Tat sowie Wiedergutmachungshandlungen, vereinbart werden.[116]

d) Bewertung

Die Verfahrensdauer von SG ist mit 30-50 Tagen wesentlich kürzer als die eines TOA mit durchschnittlich 80 Tagen, eine beschleunigte Reaktion auf Straftaten ist durch die SG demnach möglich.[117] Relevante Daten für den Erfolg gibt es bislang noch nicht, die einzige Studie[118] verzeichnete für Jugendliche, die an einer Gremiumssitzung teilnahmen, einen Rückfall von 2,4 % gegenüber einer Kontrollgruppe, die mit 14,1 % rückfällig wurde. In SG sind Auseinandersetzungen mit der Täterpersönlichkeit und der Lebenswirklichkeit möglich, auch können andere Jugendliche mit dem Delinquenten oftmals leichter kommunizieren als Erwachsene.[119] Jedoch haben SG bereits beschämende und bloßstellende Sanktionen bestimmt, was ein besonders starkes und überhöhtes Strafbedürfnis bei den sich engagierenden Schülern befürchten lässt.[120] Zwar muss der Täter keiner Maßnahme zustimmen, praktisch bleibt ihm allerdings kaum eine andere Wahl: wenn er die

---

[111] Kolberg, 86f.
[112] Kolberg, 83.
[113] Kolberg, 83.
[114] Schöch/Traulsen in: FS Böttcher, 391.
[115] Information erhalten von Fr. Menn-Quast (siehe Fn. 104).
[116] Information erhalten von Fr. Menn-Quast (siehe Fn. 104).
[117] Schöch/Traulsen in: FS Böttcher, 397.
[118] Sabass, 186f.
[119] Breymann in: ZJJ 1/2007, 7.
[120] Breymann in: ZJJ 1/2007, 6.

Gremiumssitzung abbricht, ist eine Anklageerhebung durch die StA so gut wie sicher.[121] Da ein Geständnis praktisch vorausgesetzt wird, ist zu befürchten, dass für die SG überwiegend Bagatelldelikte ausgewählt werden, deren Verfahren nach § 45 Abs. 1 JGG eingestellt werden müssten.[122] Dies würde dem Verhältnismäßigkeitsprinzip widersprechen. Den Gremiumsschülern kommt die Aufgabe zu, die gleichaltrigen Täter gem. § 2 Abs. 1 S. 2 JGG zu erziehen und auf sie pädagogisch einzuwirken.[123] Dies erscheint höchst unrealistisch, wenn man bedenkt, dass eine Ausbildung zum Sozialarbeiter mehrere Jahre dauert. Die Schüler werden aufgrund ihrer guten schulischen Leistung ausgewählt, es ist fraglich, wie sie auf sozial gefährdete, bildungsschwache Jugendliche wirken, für deren Appell sie wohl kaum empfänglich sein werden.[124] Akzeptanz und Ernsthaftigkeit können die Schüler wohl nur von gut sozialisierten Tätern erwarten, die bereits erkannt haben, dass sich ihr Verhalten ändern muss.[125] Ein letztes Problem ergibt sich daraus, dass man nicht generell von der Verschwiegenheit sämtlicher Gremiumsschüler ausgehen kann. In einem großen sozialen Netzwerk kann es schnell zur Stigmatisierung des Täters kommen.[126]

e) Zusammenfassung

SG florieren momentan, sind aber höchst bedenklich. Die dargestellten Probleme überwiegen die wenigen Vorteile, die diese Methode mit sich bringt. Eine Option als Alternative zu SG könnte es vielleicht sein, statt Schülern sehr junge Sozialarbeiter einzusetzen, die während ihrer Ausbildung für dieses Verfahren geschult wurden. Sie sollten dabei nicht älter als 25 Jahre alt sein und könnten professioneller auf die Jugendlichen einwirken. Durch ihr junges Alter gelänge ihnen die Kommunikation mit diesen sicher ebenfalls gut.

3) Anti-Gewalt-Training (AGT)

Ein AGT ist ein sozialer Trainingskurs, der jugendlichen Tätern die Sozialkompetenz vermitteln soll, ein Leben ohne Straftaten zu führen.[127] Das Verhalten eines Jugendlichen eignet sich dann zum AGT, wenn er körperliche oder verbale Gewalt üblicherweise zur Konfliktlösung einsetzt.[128] Ein AGT ist aufwändig und

---

[121] Breymann in: ZJJ 1/2007, 7.
[122] Block/Kolberg in: 1/ZJJ 2007, 16.
[123] Rautenberg in: NJW 2006, 2750.
[124] Breymann in: ZJJ 1/2007, 5.
[125] Breymann in: ZJJ 1/2007, 5.
[126] Rautenberg in: NJW 2006, 2750.
[127] Ostendorf, Rn. 175.
[128] Fröhlich-Gildhoff, 86ff.

wird daher grundsätzlich nicht bei leichten Ersttaten eingesetzt.[129] Außerdem wird es durch den Richter nur angewiesen werden, wenn die Verhaltensänderung durch den Jugendlichen freiwillig gewünscht ist, die Ausnahme bilden Fälle extremer Gewalt.[130] Ein AGT kann durch die StA angeregt und durch den Richter als Weisung gem. § 10 Abs. 1 S. 3 Nr. 6 JGG im Vor- oder Hauptverfahren angeordnet werden. Die JGH vermittelt den Jugendlichen daraufhin an entsprechende Vereine, zum Beispiel „Sprungbrett e.V." in Berlin. Ein AGT wird von speziell ausgebildeten Sozialarbeitern durchgeführt, die sich in Kleingruppen von ca. 8-12 Personen für durchschnittlich drei Monate mit den Jugendlichen treffen.[131] Dabei reden die Jugendlichen offen über ihr Leben, führen verschiedene Übungen durch und lernen, Konflikte ruhig und selbstbeherrscht zu lösen.[132] Auch über Möglichkeiten der Wiedergutmachung sprechen die Trainer mit den Jugendlichen und gemeinsam wird oftmals eine Maßnahme vereinbart, um den entstandenen Schaden der erfolgten Gewalt bei dem Opfer wieder gut zu machen.[133] Nach erfolgreicher Durchführung eines AGT erfolgt die Diversion durch die StA nach § 45 Abs. 3 S. 2 JGG.

4) Schulmediation (SchM)

SchM dreht sich um die Beilegung von Streitigkeiten, die unter Schülern in der Schule oder außerhalb von dieser stattfinden.[134] Mediation bedeutet grundsätzlich die „Vermittlung in einem Konflikt mittels einer neutralen Dritten Person, dem Mediator"[135]. Bei einer SchM werden Lehrer von Sozialpädagogen dazu ausgebildet, Schüler zu Mediatoren auszubilden. Diese Schüler führen dann im Streitfall die Mediation mit anderen Schülern durch und sind dabei allparteilich.[136] Wenn nach separaten Vorgesprächen bei Täter und Opfer die Bereitschaft besteht, wird versucht, eine Konfliktlösung und Wiedergutmachungsvereinbarung zu treffen. In Berlin und Brandenburg arbeiten geschätzt[137] 70 % aller Schulen mit SchM, eine bundesweite Erhebung gibt es allerdings nicht. Hauptsächlich wird SchM an

---

[129] M/R/S, § 9 Rn. 11.
[130] M/R/S, § 9 Rn. 12.
[131] M/R/S, § 9 Rn. 11.
[132] heide kurier vom 10.10.2012.
[133] heide kurier vom 10.10.2012 (siehe Fn. 132).
[134] Information erhalten von Hrn. Cramer von „klären und lösen" (Agentur für Mediation und Kommunikation in Berlin).
[135] Simsa/Schubarth in: Simsa/Schubarth, 3.
[136] Informationen erhalten von Fr. Kreienbaum und Fr. Haller, Landeskommission Berlin gegen Gewalt c/o Senatsverwaltung für Inneres und Sport.
[137] Information erhalten von Hrn. Cramer (siehe Fn. 134) sowie bestätigt durch Fr. Kreienbaum und Fr. Haller (siehe Fn. 136).

Gymnasien und Grundschulen durchgeführt.[138] Umstritten ist, ob die SchM als Diversionsmaßnahme nach § 45 Abs. 2 JGG in Betracht kommt.[139] Entscheidend für die Geeignetheit der erzieherischen Maßnahme ist allein die (erwartete) präventive Wirkung.[140] Da diese das Ziel der SchM ist, kann eine Teilnahme ohne Zweifel eine erzieherische Maßnahme i.s.v. § 45 Abs. 2 JGG sein.[141] Das Problem liegt an anderer Stelle: Staatsanwälte verfügen mangels devianzpädagogischer Ausbildung nicht über die professionelle Kompetenz für diese Entscheidung ("pädagogischer Blindflug")[142], denn sie sind keine Sozialarbeiter und können die präventive Wirkung der Maßnahme kaum einschätzen. Dieses Problem könnte umgangen werden, wenn dauerhaft Sozialarbeiter die SchM betreuen würden und so Rücksprachen mit der StA nehmen könnten. Hierfür fehlen aber meistens die finanziellen Mittel in der Schule. Ein weiteres Problem könnte sich aus einer Verletzung des Gleichheitsgrundsatzes nach Art. 3 Abs. 1 GG ergeben, da nicht alle Schulen SchM durchführen. Zusammenfassend lässt sich sagen, dass SchM zwar eine mögliche Diversionsmaßnahme darstellt, jedoch nicht praxisrelevant ist. Der Fokus liegt auf kleineren Delikten, die entweder nur schulintern geregelt oder wegen Geringfügigkeit nach § 45 Abs. 1 JGG eingestellt werden.

C. Modellprojekte

Sämtliche RJ-Methoden begannen als MP und waren Erprobungsvorhaben, die, ausgerichtet auf Erkenntnisgewinn, innovative Anstöße für die Fachpraxis und Fachpolitik vermitteln sollten.[143] Es gibt viele aktuelle MP, von denen nachfolgend die wichtigsten vorgestellt werden.

I) TOA in der JVA Oslebshausen

Von September 2009 bis März 2012 wurde das MEREPS-Projekt[144] in der JVA Oslebshausen durchgeführt, bei dem überprüft werden sollte, ob ein TOA innerhalb des Strafvollzugs möglich ist. Insgesamt erklärten sich 27 Inhaftierte bereit, an einem TOA teilzunehmen, 7 erfolgreich durchgeführte TOA waren letztendlich zu verzeichnen. Drei Inhaftierte haben mit ihren jeweiligen Opfern sogar finanzielle Wiedergutmachung vereinbaren können. Das Projekt zeigte, dass TOA im

---

[138] Behn, Kügeler, Lembeck u.a., 82.
[139] Blessing in: HK-JGG, § 45 Rn. 26.
[140] Ostendorf, § 45 Rn. 12.
[141] Information erhalten von Hrn. Breymann (siehe Fn. 31).
[142] Information erhalten von Hrn. Breymann (siehe Fn. 31).
[143] Frank/Seifert, 167.
[144] Hartmann u.a. in: BewHi 1/2013, 39.

deutschen Strafvollzug möglich sind, jedoch noch vor einigen Schwierigkeiten stehen. Hinderlich war, dass in den meisten Vollzugsanstalten keine Informationen über die Opfer verzeichnet werden, auch die Informationsbeschaffung über die jeweiligen Vollstreckungsbehörden gestaltete sich schwierig.[145] Sollte der TOA als Angebot im Strafvollzug etabliert werden wollen, müsste die Informationsbeschaffung leichter zugänglich sein und ein entsprechendes Budget für die Durchführung müsste weiter zur Verfügung gestellt werden. Seit 2014 wird das Projekt für drei weitere Jahre fortgeführt. Vorrangig soll nun mit jugendlichen Tätern gearbeitet werden.[146]

II) Tatausgleich für Kinder

In der Integrationshilfe Berlin-Wilmersdorf besteht seit Mai 2011[147] die Möglichkeit, mit Kindern zwischen 12 und 13 Jahren einen „Tatausgleich" durchzuführen, bei dem ein entstandener Konflikt geschlichtet und eine Vereinbarung zur Wiedergutmachung getroffen werden soll. Konflikte im Kindes- oder Jugendalter sind vollkommen normal, das Projekt ist darauf ausgerichtet, dass die Kinder lernen, wie mit Konflikten richtig umgegangen werden kann. Dies stellt letztlich auch den originären Erziehungsauftrag dar.[148] Die Fälle werden durch Mitarbeiter der JGH, andere Fachkräfte oder die Eltern angeregt.[149] Die Verfahrensweise ist an den TOA angelehnt: im Anschluss an ein gemeinsames Ausgleichsgespräch soll eine Vereinbarung über symbolische oder materielle Wiedergutmachung zwischen den Beteiligten getroffen werden. Im Jahr 2013 führte die Integrationshilfe 16 Fälle[150] des Tatausgleichs durch, überwiegend aufgrund einer einfachen Körperverletzung.[151] Das Ziel des Tatausgleichs besteht darin, auf die kurz vor der Strafmündigkeit stehenden Kinder präventiv und erzieherisch einzuwirken. Es wird versucht, den Kontakt mit dem Jugendstrafrecht in späteren Jahren zu vermeiden. Dies ist eine sinnvolle Präventivmaßnahme, die ausgebaut und erweitert werden sollte.

III) Modellprojekt Elmshorn – Gemeinschaftskonferenzen (GMK)

Die Grundidee der GMK geht auf die neuseeländische „Family Group Conferen-

---

[145] Hartmann u.a. in: BewHi 1/2013, 54.
[146] TOA Infoblatt Nr. 20 (erhalten von Frau Thal, TOA Bremen e.V.).
[147] Pressemitteilung der Senatsverwaltung für Bildung, Jugend und Wissenschaft vom 21.06.2011.
[148] Information erhalten von Hrn. Discher, Senatsverwaltung für Bildung u.a. in Berlin.
[149] Tatausgleich Flyer, 2.
[150] Tatausgleich Jahresbericht 2013, 14.
[151] Tatausgleich Jahresbericht 2013, 15.

ce" zurück und wird in Deutschland teilweise auch als „erweiterter TOA" bezeichnet.[152] Dabei werden im Durchschnitt 5-10 Personen[153] des sozialen Umfelds von Täter und Opfer in die Konfliktaufarbeitung miteinbezogen. Die Gemeinschaft hilft dabei, dem Täter wie auch dem Opfer beizustehen, sowie konstruktive Vorschläge für die Wiedergutmachung zu unterbreiten.[154] Die GMK begannen im Jahr 2007 und werden aktuell, aufgrund des hohen Aufwandes, nur zwei mal pro Jahr mit zwei Mediatoren und dem Verein für Jugendhilfe e.V. im Kreis Pinneberg und Schleswig Holstein durchgeführt.[155] Eine Vorauswahl der Fälle erfolgt durch die StA und das Amtsgericht Elmshorn.[156] Innerhalb der Konferenz erhält zuerst der Beschuldigte, dann der Geschädigte Gelegenheit zur Äußerung, dann können alle Personen ihre Wünsche und Erwartungen äußern. Der Täter zieht sich anschließend mit seinen Vertrauenspersonen zurück und erarbeitet ein Wiedergutmachungsangebot, das er dem Opfer und dessen Vertrauenspersonen unterbreitet. Anschließend kann sich das Opfer ebenfalls beraten und dem Vorschlag zustimmen, bzw. einen veränderten Vorschlag unterbreiten.[157] Eine Übereinkunft wird formuliert und von sämtlichen Beteiligten unterschrieben, anschließend kann das Verfahren von der StA nach § 45 Abs. 2 S. 1 JGG eingestellt werden.[158] Ein Vorteil in der Anwesenheit der Unterstützer liegt darin, dass sie Sicherheit und Schutz vermitteln und außerdem auf die Einhaltung der Vereinbarung achten können. Ein Nachteil ergibt sich allerdings daraus, dass viele Täter die GMK ablehnten, weil sie sich vor ihrer Familie zu sehr schämten, um über die Tat zu sprechen.[159] Außerdem fällt es vielen Opfern schwer, vor mehreren, teilweise unbekannten, Personen über die Folgen der Straftat zu sprechen.[160] Eine Etablierung als dauerhafte Diversionsmaßnahme scheint im Moment aufgrund des überhöhten Zeit- und Personalaufwandes noch nicht möglich. GMK bergen allerdings viel Potential und würden bei entsprechendem Angebot sicher Anklang finden.

IV) Friedenszirkel (FZ)

Das MP „Implementing peacemaking circles in Europe" wurde von September 2011 bis August 2013 in Tübingen und Freiburg durchgeführt und wird hierzu-

---

[152] Information erhalten von Prof. Dr. Hagemann, Fachhochschule Kiel.
[153] Hagemann in: Praxis der Rechtspsychologie, 311.
[154] FH Potsdam Newsletter, 5.
[155] Information erhalten von Prof. Dr. Hagemann (siehe Fn. 152).
[156] Hagemann GMK, 12.
[157] Hagemann GMK, 14f.
[158] Hagemann in: Praxis der Rechtspsychologie, 312.
[159] Information erhalten von Prof. Dr. Hagemann (siehe Fn. 152).
[160] Information erhalten von Prof. Dr. Hagemann (siehe Fn. 152).

lande meist als FZ bezeichnet. Das Verfahren gestaltet sich ähnlich den GMK, denn einbezogen werden können Freunde und Bekannte, aber auch die StA, der Richter, Polizeibeamte sowie betroffene oder interessierte Gemeindemitglieder. Die Besonderheiten der FZ liegen neben der kreisförmigen Sitzordnung in der Verwendung eines Redestabes, der herumgereicht wird und es ermöglicht zu reden, ohne von anderen unterbrochen zu werden.[161] Wie bei GMK soll eine Wiedergutmachungsvereinbarung am Ende des FZ stehen. Erste Ergebnisse zeigen, dass die Einbeziehung von Vertretern der Justiz wegen dem Legalitätsprinzip schwierig bis unmöglich war.[162] Auch haben Täter wie Opfer ein großes Bedürfnis nach Privatheit und stören sich meistens an der Anwesenheit von Schaulustigen. Die Zirkel sind außerdem extrem zeitaufwändig und müssen von einem speziell ausgebildeten Mediator vorbereitet und durchgeführt werden.[163]

V. Resümee

Eine Etablierung des TOA in den Strafvollzug ist wünschenswert, denn auch dort kann das Erziehungs- und Strafpräventionsziel noch erreicht werden. Am vielversprechendsten sind GMK zu bewerten, da sie trotz des Mehraufwandes einige wesentliche Vorteile gegenüber dem TOA bieten.

D. Ausblick

Angesichts des stattfindenden Umdenkens von Strafe auf Wiedergutmachung wird RJ auch als neues Paradigma bezeichnet.[164] Die künftige Entwicklung in Deutschland vorherzusehen, gestaltet sich allerdings schwierig. Der TOA wird mittlerweile in der Bundesrepublik fast flächendeckend angeboten, allen anderen Methoden kommt immer noch ein Nischendasein zu.[165] Dies liegt vor allem an der begrenzten praktischen Anwendung und an den allgegenwärtigen Finanzierungsproblemen. Ein Rückgang von TOA-Anwendungen im Jugendstrafrecht ist nicht zu befürchten, allerdings kann in nächster Zeit auch nicht mit einem Anstieg von den vorgestellten vielversprechenden MP gerechnet werden. RJ birgt allerdings für die Zukunft ein hohes Potential, Konflikte außerstrafrechtlich aufzuarbeiten und sowohl den Opfer- als auch den Täterinteressen gerecht zu werden. Die weitere Entwicklung im deutschen Jugendstrafrecht bleibt abzuwarten.

---

[161] Domenig in: NK 2009, 2 ff.
[162] Ehret-Friedenszirkel, 24.
[163] Ehret-Friedenszirkel, 24.
[164] Domenig, 8.
[165] Domenig, 8 f.

Anlagen

Anlage 1 – Mind-Map Restorative Justice

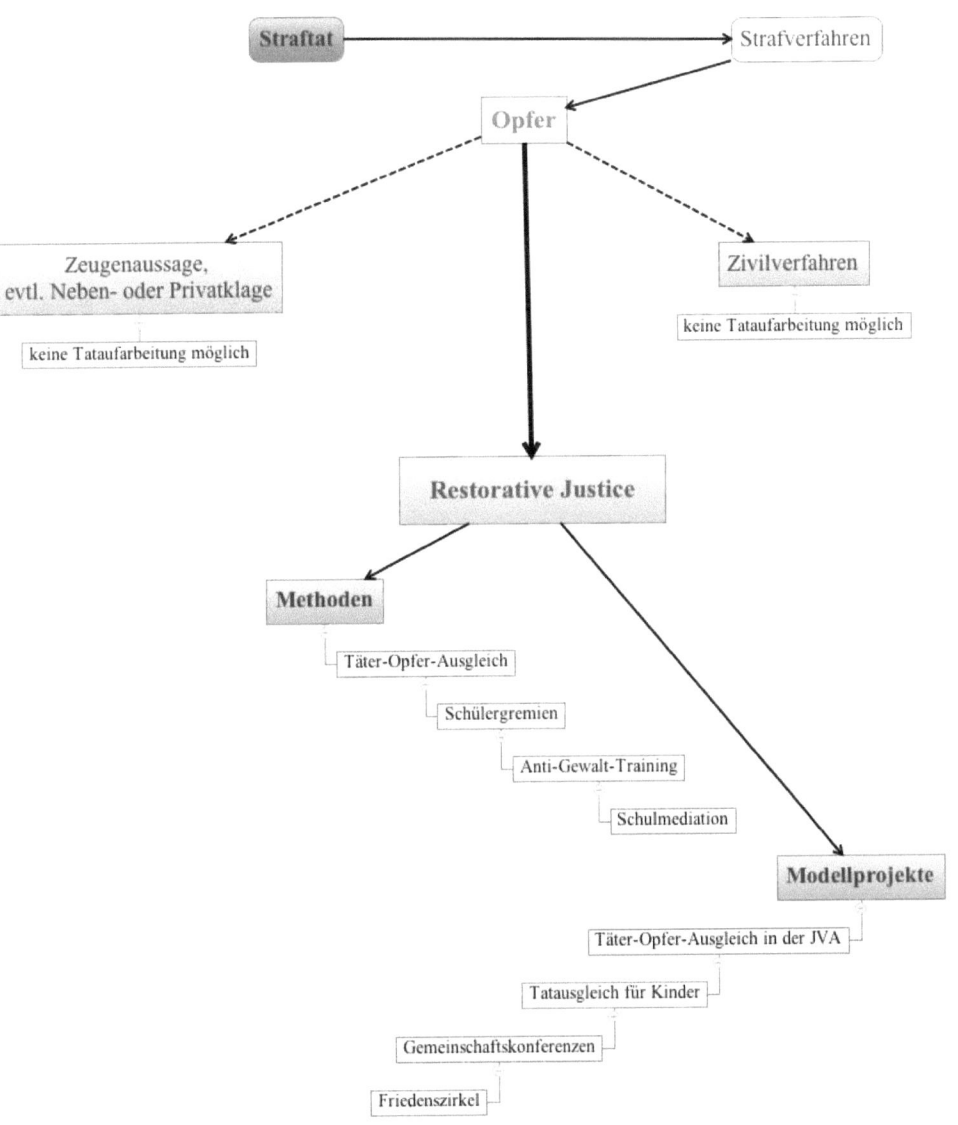

Anlage 2 – Fallaufkommen von TOA in Deutschland

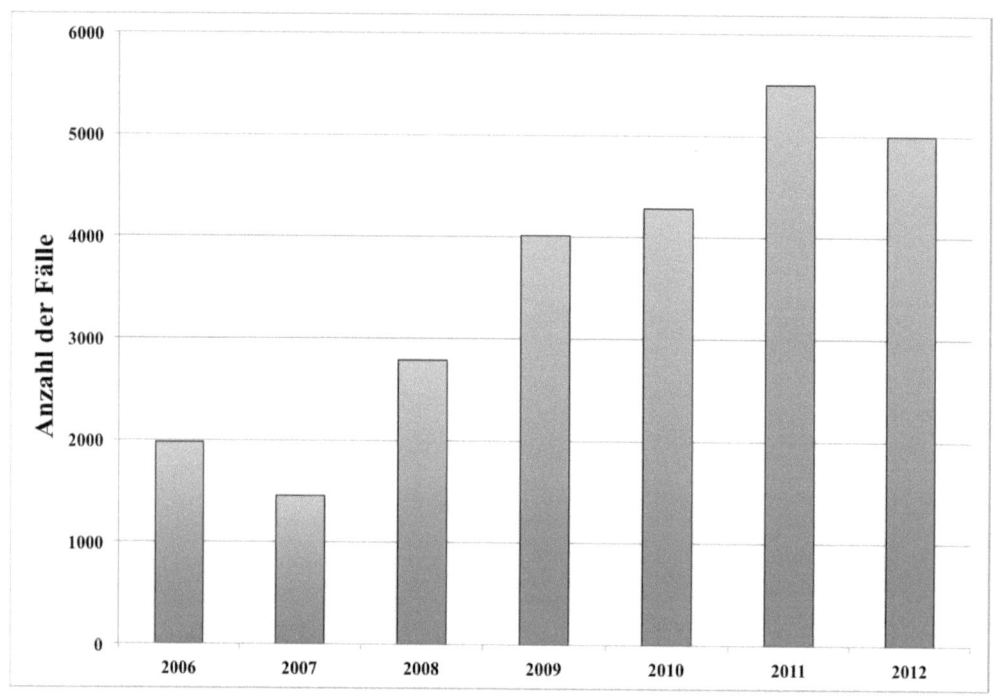

Quelle der verwendeten Daten: TOA-Statistik 2006, 12; 2007, 12; 2008, 12; 2009, 12;
2010, 50; 2011, 66; 2012, 66.

Anmerkung: An der TOA-Statistik beteiligen sich nur etwa 33 Einrichtungen.
Schätzungen zufolge werden durch 350 TOA-Anbieter in Deutschland aktuell ca. 25.000-
30.000 Fälle bearbeitet. (Trenczek, 101)

Anlage 3 – Alter der Täter

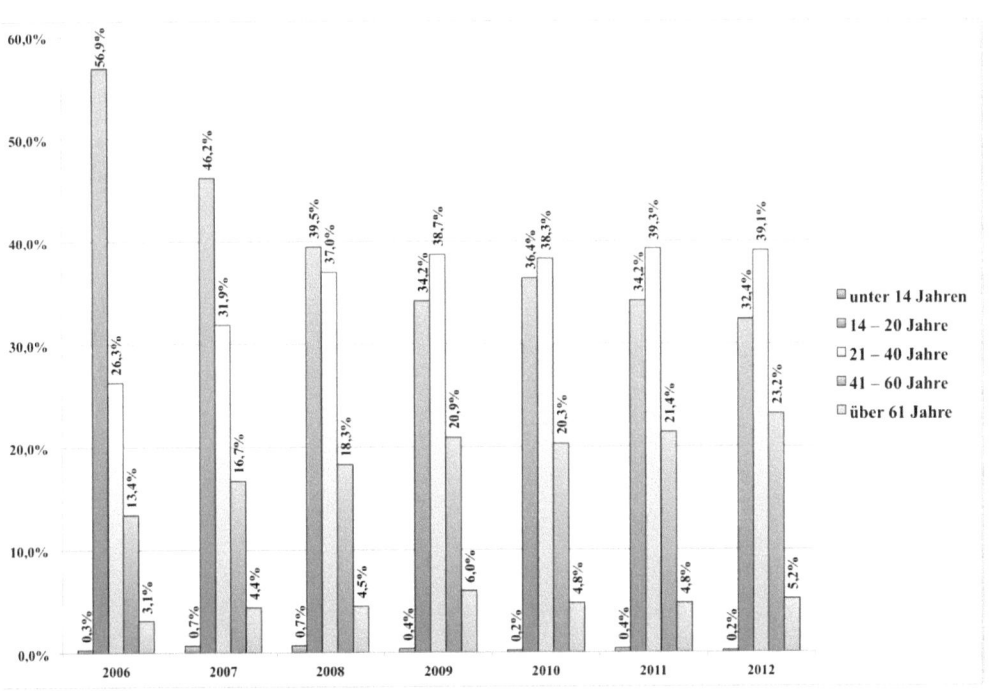

Quelle der verwendeten Daten: TOA-Statistik 2006, 22; 2007, 22; 2008, 22; 2009, 22; 2010, 20; 2011, 24; 2012, 24.

Anlage 4 – Deliktsstruktur von TOA-Fällen im Jahr 2012

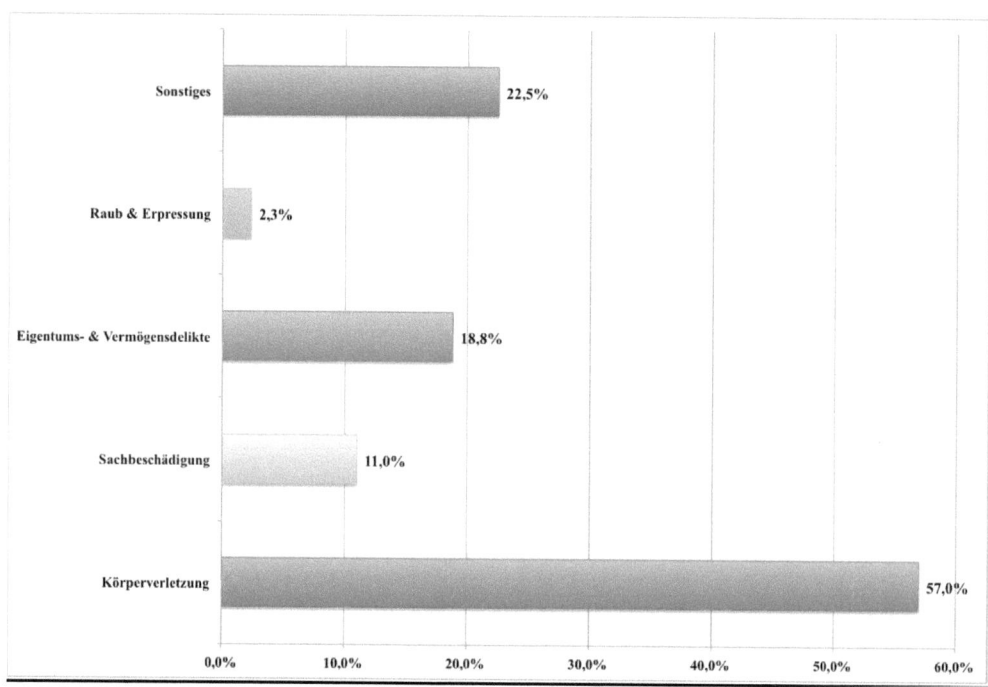

Quelle der verwendeten Daten: TOA-Statistik 2012, 29.

d

Anlage 5 – Anregung eines TOA in verschiedenen Verfahrensstadien

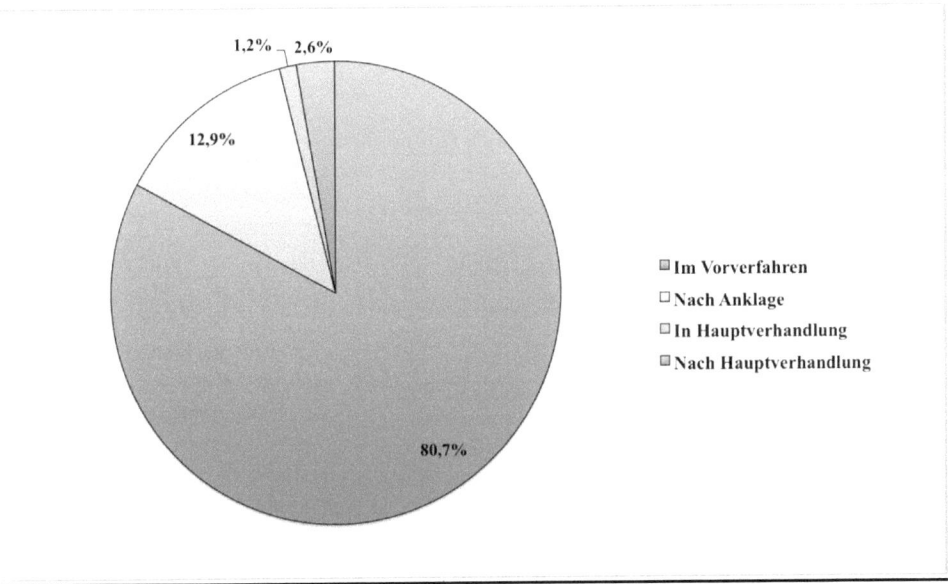

Quelle der verwendeten Daten: TOA-Statistik 2012, 14.

e

Anlage 6 – Diversion bzw. Verurteilung im Jahr 2012

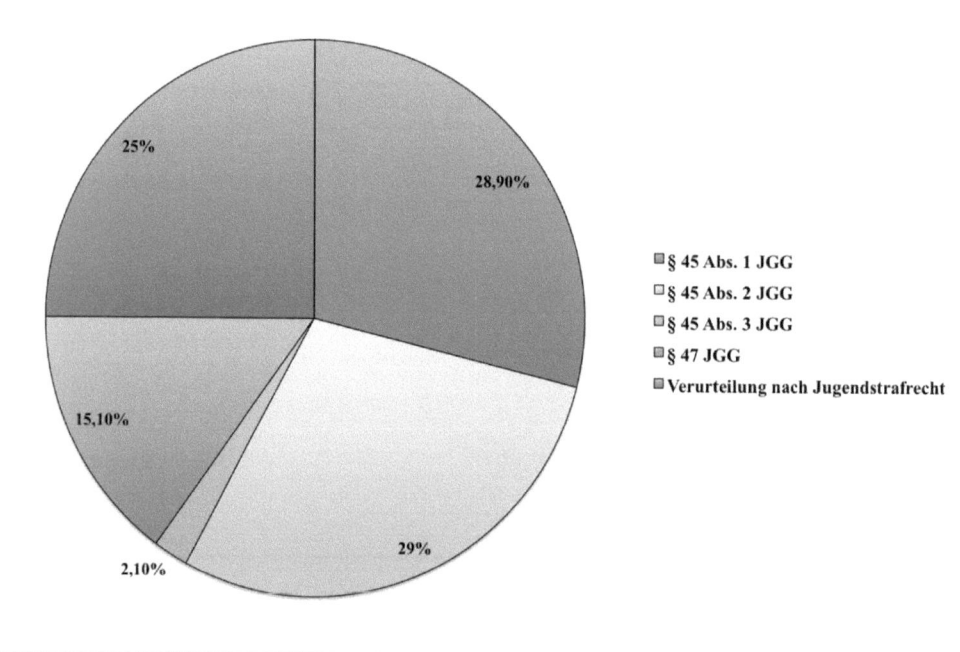

Quelle der verwendeten Daten: Staatsanwaltsstatistik 2012, 25;

Strafverfolgungsstatistik 2012, 57.

f

Anlage 7 – Anregung eines TOA

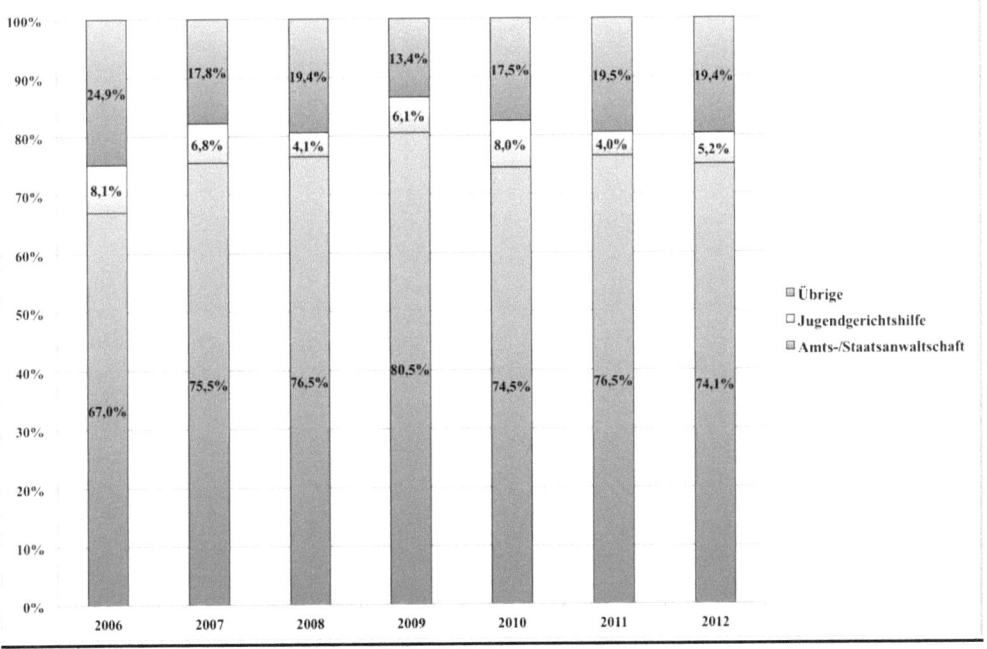

Quelle der verwendeten Daten: TOA-Statistik 2006, 14; 2007, 14; 2008, 14, 2009, 14; 2010, 13; 2011, 15; 2012, 15.

g

Anlage 8 – Einstellung bzw. Verurteilung im Jahr 2012

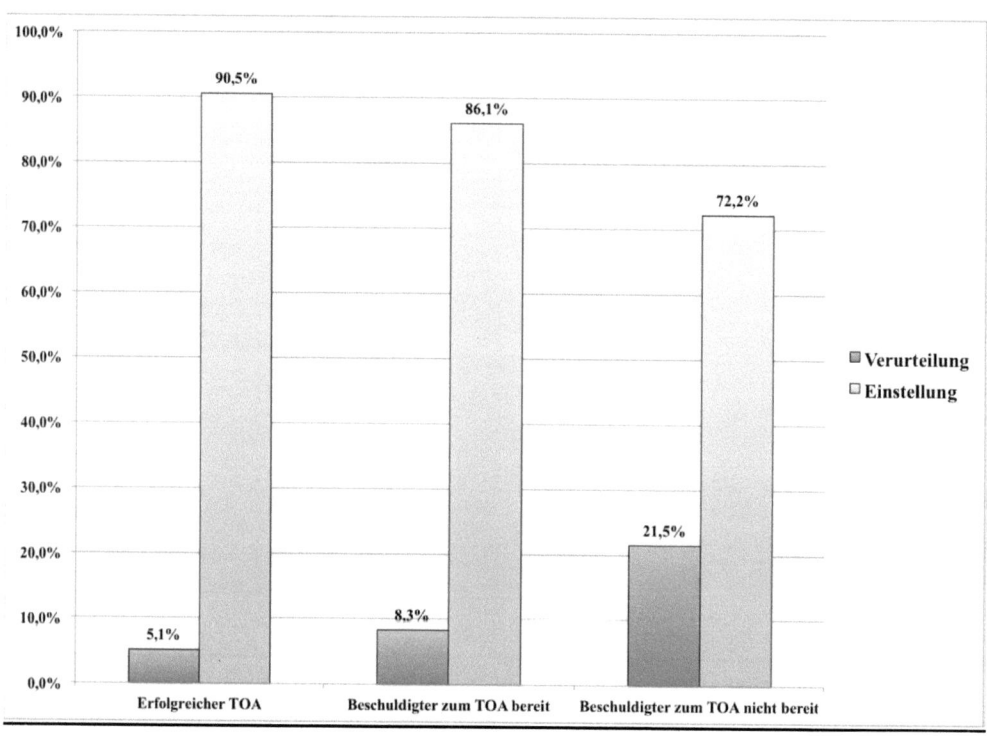

Quelle der verwendeten Daten: TOA-Statistik 2012, 58.

h